この問題集の使

英語が苦手でも，ちょっとしたコツをつかめばでき
この問題集ではその内の３パターンを紹介している、

①ここを読むと英語のルールや問題の解き方がわかるよ

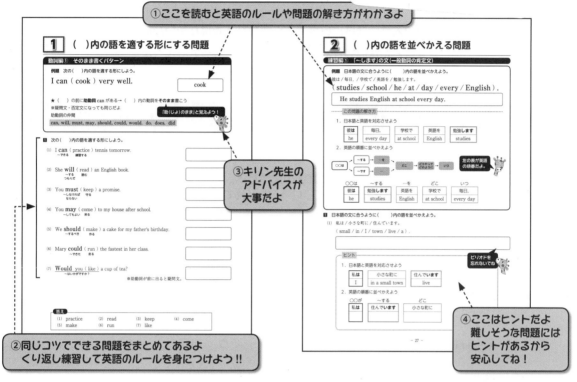

③キリン先生の
アドバイスが
大事だよ

②同じコツでできる問題をまとめてあるよ
くり返し練習して英語のルールを身につけよう!!

④ここはヒントだよ
難しそうな問題には
ヒントがあるから
安心してね！

・ もくじ ・

ちょこっと

公立入試の問題を見てみよう！

キリン先生です

英太です

英語が苦手な僕でも，できる問題があるんだって！

1〜4

キリン先生，僕は英語が苦手で，高校入試のことを考えると，不安で…

英太くん，

最近の入試問題は，日常でよく使われる表現が多いんだ。

まずはどんな問題があるのか，ちょっとやってみようよ！

さあ，入試問題に挑戦！

まずはこれから！　単語と文法の問題だよ。

わからなかった問題には，□ に ☑ を入れてみて！

1 次の(1)〜(5)の日本語の文の内容と合うように，英文中の（　　　　）内の**ア〜ウ**からそれぞれ最も適しているものを一つずつ選び，記号を書きなさい。

2023 大阪府公立高・改

□　(1)　私は有名な音楽家に会いました。

I met a famous （　**ア**　doctor　　**イ**　musician　　**ウ**　scientist　）．

□　(2)　私たちは毎日，私たちの教室をそうじします。

We （　**ア**　clean　　**イ**　close　　**ウ**　watch　）our classroom every day.

□　(3)　もっとゆっくり話してください。

Please speak more （　**ア**　fluently　　**イ**　quickly　　**ウ**　slowly　）．

□　(4)　机の上のあれらのノートは彼女のものです。

Those notebooks on the table （　**ア**　am　　**イ**　are　　**ウ**　is　）hers.

□　(5)　富士山は日本で最も高い山です。

Mt. Fuji is the （　**ア**　high　　**イ**　higher　　**ウ**　highest　）mountain in Japan.

1	(1)		(2)		(3)		(4)		(5)	

次は，会話から絵を選ぶ問題だよ。
そんなに長い文じゃないから，あきらめずにチャレンジしてみてね！

2 (1)，(2)は，それぞれ [＿＿＿＿] 内の状況で会話をしている。その会話の内容を表している最も適当な絵を，あとの**ア〜エ**の中からそれぞれ一つずつ選び，記号を書きなさい。

2023 佐賀県公立高・改

(1) Shigeo is in a hamburger shop.

Cashier : Hello! Are you ready to *order?

Shigeo : Yes. Can I have two hamburgers and an ice cream?

Cashier : OK. Would you like something to drink?

Shigeo : No, thank you.

*cashier 店員(レジ係)　*order 注文する

ア 　イ

ウ 　エ

(2) Chisa and Kathy are talking about a *kanji*.

Chisa : Kathy, do you know what this *kanji* means?

Kathy : I don't know, but let me try to guess the meaning! I know the left part means fish, so I think that the meaning is a kind of fish.

Chisa : That's right! And, the right part means snow. I like this fish very much because it's delicious!

ア 　イ

ウ 　エ

2	(1)		(2)	

ハンバーガー，おいしいそうだね♥　これなら，なんとなくわかるかも…

- 2 -

1 【単語と文法の問題】

> まずは日本語をパーツに分けて，英語に対応させてみよう。
> 何を選べばいいか，わかるよ。

(1) 私は有名な音楽家に会いました。

I met a famous （ **ア** doctor **イ** musician **ウ** scientist ）.

| I 私は | ＋ | met に会いました | ＋ | a famous （一人の）有名な | ＋ | 音楽家 | . |

これ…だよね？

(2) 私たちは毎日，私たちの教室をそうじします。

We （ **ア** clean **イ** close **ウ** watch ） our classroom every day.

| We 私たちは | ＋ | そうじします | ＋ | our classroom 私たちの教室を | ＋ | every day 毎日 | . |

(3) もっとゆっくり話してください。

Please speak more （ **ア** fluently **イ** quickly **ウ** slowly ）.

| Please ください | ＋ | speak 話して | ＋ | more もっと | ＋ | ゆっくり | . |

(4) 机の上のあれらのノートは彼女のものです。

Those notebooks on the table （ **ア** am **イ** are **ウ** is ） hers.

| Those notebooks あれらのノートは | ＋ | on the table 机の上の | ＋ | です | ＋ | hers 彼女のもの | . |

(5) 富士山は日本で最も高い山です。

Mt. Fuji is the （ **ア** high **イ** higher **ウ** highest ） mountain in Japan.

| Mt. Fuji 富士山は | ＋ | is です | ＋ | the | ＋ | 最も高い | ＋ | mountain 山 | ＋ | in Japan 日本で | . |

(1) 「音楽家」は**イ musician** が正解。　　**ア** doctor「医者」　**ウ** scientist「科学者」

(2) 「そうじします」は**ア clean** が正解。　　**イ** close「閉める」　**ウ** watch「観察する」

(3) 「ゆっくり」は**ウ slowly** が正解。　　**ア** fluently「流暢(りゅうちょう)に」　**イ** quickly「すばやく」

　副詞の slowly は，前に more をつけて比較級を表すよ。23 ページも見てね。

(4) 「です」は**イ are** が正解。　　**ア** am，**ウ** is は，主語が「単数」のときに用いる be 動詞。

　those は that の複数形。notebook のような名詞は，「単数」か「複数」かで be 動詞が変わるよ。

24ページも見てね。

(5) 「最も高い」は**ウ highest** が正解。　　high「高い」の最上級は highest。比較級が higher だよ。

> 僕は，比較級と最上級がよくわからなくて(5)に ☑ が入ったから，
> 23〜24ページをやって，基本をマスターすることから始めるよ。

2 【会話文の内容を読み取り，当てはまる絵を選ぶ問題】

ポイントになる単語や英文を探してみよう。

(1) | Shigeo is in a hamburger shop. |

Cashier : Hello! Are you ready to order?

Shigeo : Yes. | Can I have two hamburgers and an ice cream? |

Cashier : OK. Would you like something to drink?

Shigeo : | No, thank you. |

(1) | シゲオはハンバーガー屋さんにいます。 |

店員 ：こんにちは！ご注文はよろしいでしょうか？

シゲオ：はい。ハンバーガーを２つとアイスクリームを１つ，お願いてきますか？

店員 ：承知しました。お飲み物はいかがでしょうか？

シゲオ：いいえ，結構です。

ウ

ハンバーガー店で，店員さんに注文するときの会話も出題されるんだね。これは自信があるよ！
ハンバーガー２つとアイスクリーム１つ，
飲み物は頼んでないから…

答えはウだ！

(2) | Chisa and Kathy are talking about a *Kanji*. |

Chisa : Kathy, do you know what this *kanji* means?

Kathy : I don't know, but let me try to guess the meaning! I know the left part means fish , so I think that the meaning is a kind of fish.

Chisa : That's right! And, the right part means snow . I like this fish very much because it's delicious!

(2) | チサとキャシーは漢字について話をしています。 |

チサ ：キャシー，この漢字の意味がわかる？

キャシー：わからないけど，私に当てさせて！左の部分は「魚」という意味だから，魚の一種だと思うんだ。

チサ ：その通り！それと右の部分は「雪」という意味なんだよ。私はこの魚が大好きなの。だっておいしいんだもん！

英太くん，
"the left part" は「左の部分」，"fish" は「魚」，
"the right part" は「右の部分」，"snow" は「雪」，だから…

ア

鱈

ふふふ，キリン先生，実は僕，釣りが
趣味だから，魚には詳しいんです。
魚へんに雪でしょ？冬，お鍋に入れる
とおいしい，あれ，じゃないですか！
答えは，アの「鱈」だ！

その通り！
英語が得意になるには，毎日，少しずつ，英語に触れることが大事。
まずは，この問題集で苦手なところをやっつけて，自信をつけよう。

- 4 -

1 （　）内の語を適する形にする問題

動詞編①　そのまま書くパターン

例題　次の（　）内の語を適する形にしよう。

I can (cook) very well.

cook

★（　）の前に**助動詞 can** がある→（　）内の動詞を**そのまま**書こう

※疑問文・否定文になっても同じだよ

助動詞の仲間

「助（じょ）のまま」と覚えよう！

can, will, must, may, should, could, would, do, does, did

1　次の（　）内の語を適する形にしよう。

(1)　I **can**（ practice ）tennis tomorrow.
　　　　～できる　　練習する

(2)　She **will**（ read ）an English book.
　　　　～する　　　読む
　　　　つもりだ

(3)　You **must**（ keep ）a promise.
　　　　～しなければ　守る
　　　　ならない

(4)　You **may**（ come ）to my house after school.
　　　　～してもよい　来る

(5)　We **should**（ make ）a cake for my father's birthday.
　　　　～するべき　　　作る

(6)　Mary **could**（ run ）the fastest in her class.
　　　　～できた　　走る

(7)　<u>Would</u> you（ like ）a cup of tea?
　　　　～はいかがですか？

※助動詞が前に出ると疑問文。

答え

(1) practice	(2) read	(3) keep	(4) come
(5) make	(6) run	(7) like	

動詞編② ing 形にするパターン　その1

例題　次の（　　）内の語を適する形にしよう。

Brush your teeth before (go) to bed.

going

★（　　）の前に**前置詞** before がある→（　　）内の動詞を ing 形にしよう

「ぜんちしんぐ」と
覚えよう！

前置詞の仲間

before, after, in, for, by, without, with, of,
about, from, on, under, at, into, through,
over, around, along

☆ ing 形の作り方☆

・基本は最後に ing をつける！　例　talk → talk**ing**　　study → study**ing**

・最後が e で終わる動詞 → e をとって ing をつける！（e とる ing）　例　come → com**ing**

・**特別な形！**　例　run → run**ning**, sit → sit**ting**, swim → swim**ming**

2　次の（　　）内の語を適する形にしよう。

(1)　I will study for the test **before** (play).
　　　　　　　　　　　　　　　～前に　　　遊ぶ

(2)　Kate watches TV **after** (do) her homework.
　　　　　　　　　　　　　～後に　　する

(3)　My son is interested **in** (speak) English.
　　　　　　　　～に興味がある　　　　話す

(4)　We go to school **for** (study).
　　　　　　　　　　　　～のために

(5)　We are good **at** (cook) vegetables.
　　　　　　　～が得意だ　　　料理する

(6)　I worked **without** (eat) lunch.
　　　　　　　　　　～なしで　　食べる

(7)　How **about** (go) shopping in New York?
　　　～はいかがですか？　　買い物に行く

答え
(1) playing　　(2) doing　　(3) speaking　　(4) studying
(5) cooking　　(6) eating　　(7) going

次の(　　)内の語を適する形にしよう。

(1)　I am good at (play) baseball.

(2)　Kenta could (help) his father.

(3)　He left home without (say) good-bye.

(4)　Takahiro must (leave) for Shiga next week.

(5)　He reads books just after (ride) a horse.

(6)　It means I hope peace will (come) to you.

(7)　Five students may (play) basketball tomorrow.

(8)　How about (do) the volunteer work at the park?

(9)　Would you (like) a cup of coffee?

(10)　She was interested in (learn) about world history.

(11)　They should (meet) at the store near the station at three.

(12)　Money is necessary for (begin) a company.

5～6ページで覚えたこと

( )の前が｛ 助動詞 → ( )内の動詞をそのまま書こう。
　　　　　 前置詞 → ( )内の動詞を ing 形にしよう。

(1) **at は前置詞 → ing 形にする**
「私は野球をするのが得意です」
・be good at ～「～が得意だ」

playing

(2) **could は助動詞 → そのまま書く**
「ケンタはお父さんを手伝うことができました」

help

(3) **without は前置詞 → ing 形にする**
「彼はさよならを言わずに家を出ました」

saying

(4) **must は助動詞 → そのまま書く**
「タカヒロは来週, 滋賀へ出発しなければなりません」

leave

(5) **after は前置詞 → ing 形にする**
「彼は馬に乗った直後に本を読みます」
※ ride など e で終わる動詞は「e とる ing」で riding

riding

(6) **will は助動詞 → そのまま書く**
「それは, 私があなたに平和が来ることを願っている, という意味です」

come

(7) **may は助動詞 → そのまま書く**
「5 人の生徒が明日, バスケットボールをしてもよいです」

play

(8) **about は前置詞 → ing 形にする**
「公園でボランティアをするのはいかがですか?」

doing

(9) **would は助動詞 → そのまま書く**
「コーヒーを一杯いかがですか?」
※疑問文でもそのまま書こう

like

(10) **in は前置詞 → ing 形にする**
「彼女は世界史を学ぶことに興味がありました」
・be interested in ～「～に興味がある」

learning

(11) **should は助動詞 → そのまま書く**
「彼らは 3 時に駅の近くの店で会うべきです」

meet

(12) **for は前置詞 → ing 形にする**
「お金は会社を始めるために必要です」
※ begin の ing 形は最後の n を 2 個にして beginning

beginning

下の ing 形を覚えよう

run → running　　get → getting　　swim → swimming　　begin → beginning
put → putting　　sit → sitting　　stop → stopping

動詞編③　〈to＋動詞の原形〉にするパターン

例題　次の（　）内の語を適する形にしよう。

I want (eat) a hamburger.

to eat

★ （　　）の前が **want**, **hope**, **decide**, like, love, start, begin
　　→ （　　）内の動詞を **to＋動詞の原形** にしよう

適する語は2語でもOK

※ （　　）の前の動詞が変化しているときがあるよ

例　want → want**s**, want**ed**　　decide → decide**s**, decide**d**
　　begin → begin**s**, beg**an**, beg**un**

③　次の（　）内の語を適する形にしよう。

(1)　I **want** (know) him.
　　　〜が欲しい　　知る
　　　（〜したい）

(2)　Mike **hopes** (take) a train.
　　　　〜を望む　　乗る
　　　　　　　　　　　　　　　　　※ hopes は hope の変化形

(3)　Did you **decide** (give) her a present?
　　　　　　〜を決める　　あげる

(4)　Kenta doesn't **like** (come) to my house after school.
　　　　　　　　〜が好き　　来る

(5)　Mary **decided** (drink) orange juice at the shop.
　　　　　〜を決めた　　飲む
　　　　　　　　　　　　　　　※ decided は decide の過去形

(6)　Judy **wants** (run) in the park.
　　　　〜が欲しい　　走る
　　　　（〜したい）
　　　　　　　　　　　　　　　※ wants は want の変化形

(7)　I **began** (watch) the bird in the sky.
　　　〜を始めた　　見る
　　　　　　　　　　　　　　　※ began は begin の過去形

(8)　I **want** you (come) to the party.
　　　〜が欲しい　　　　来る
　　（人に〜して欲しい）
　　　　　　　　　　　　※ want には〈want ＋（人）＋ to ＋動詞の原形〉
　　　　　　　　　　　　　　のパターンがあるよ。

答え

(1)　to know　　(2)　to take　　(3)　to give　　(4)　to come〔coming〕
(5)　to drink　　(6)　to run　　(7)　to watch〔watching〕
(8)　to come　　※(4), (7)は ing 形でも正解です。

動詞編④　ing 形にするパターン　その2

例題　次の（　）内の語を適する形にしよう。

I enjoy (play) basketball.

playing

★ （　）の前が enjoy, finish, stop, *like, love, start, begin*

　　→（　）内の動詞を **動詞の ing 形** にしよう

like, love, start, beginの
後ろはto+動詞の原形でも
ing形でもいいんだ

※ （　）の前の動詞が変化しているときがあるよ

例　finish → finish**es**, finish**ed**　　stop → stop**s**, stop**ped**

☆ ing 形の作り方☆

・基本は最後に ing をつける！　例　talk → talk**ing**　　study → study**ing**

・最後が e で終わる動詞 → e をとって ing をつける！（e とる ing）　例　come → com**ing**

・**特別な形！**　例　run → run**ning**，sit → sit**ting**，swim → swim**ming**

4　次の（　）内の語を適する形にしよう。

(1)　I can't **stop** (talk) .
　　　〜を止める　話す

(2)　They will **finish** (eat) lunch.
　　　〜を終える　食べる

(3)　Does Mike **enjoy** (run) to the station?
　　　〜を楽しむ　走る

(4)　Koki didn't **like** (go) to school by bike.
　　　〜が好き　行く

(5)　They **enjoyed** (read) books in the library.
　　　〜を楽しんだ　読む
　　　　　　　　　※ enjoyed は enjoy の過去形

(6)　Judy **started** (walk) to the school.
　　　〜を始めた　歩く
　　　　　　　　　※ started は start の過去形

(7)　My brother **stopped** (live) in this city.
　　　〜を止めた　住む
　　　　　　　　　※ stopped は stop の過去形

答え

(1)　talking　　　(2)　eating　　　(3)　running　　　(4)　going〔to go〕
(5)　reading　　　(6)　walking〔to walk〕　　　(7)　living
※(4), (6)は〈to+動詞の原形〉でも正解です。

9〜10ページの復習!!!

目標時間
5分

次の（　　）内の語を適する形にしよう。

(1)　They finished (eat) lunch.

(2)　Judy wants (run) in the park.

(3)　Did you decide (give) her a present?

(4)　I didn't enjoy (run) because I don't like sports.

(5)　My sister wanted (join) the soccer club.

(6)　I stopped (talk) with my friends.

(7)　I like (write) a letter to my grandmother.

(8)　We enjoyed (watch) TV last night.

(9)　She began (cry) suddenly.

(10)　He hoped (go) to the moon.

(11)　I want you (come) to the party.

ココde
ヒトイキ

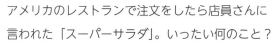

アメリカのレストランで注文をしたら店員さんに
言われた「スーパーサラダ」。いったい何のこと？

答えは
コチラ

9〜10ページで覚えたこと

(　)の前が	want, hope, decide	→	(　)内の動詞を〈to+ 動詞の原形〉にしよう。
	enjoy, finish, stop	→	(　)内の動詞を ing 形 にしよう。
	それ以外の一般動詞	→	(　)内の動詞を〈to+動詞の原形〉にしよう。／ing 形にしよう。

(1) **finish 〜 ing 「〜し終える」**
「彼らは昼食を食べ終えました」

eating

(2) **want to 〜 「〜したい(と思う)」**
「ジュディは公園で走りたいと思っています」

to run

(3) **decide to 〜 「〜することを決める」**
「あなたは彼女にプレゼントをあげることを決めましたか？」

to give

(4) **enjoy 〜 ing 「〜して楽しむ」**
「私はスポーツが好きではないので，走るのが楽しくありませんでした」
※n を2つにするよ。

running

(5) **want to 〜 「〜したい(と思う)」**
「私の姉(妹)はサッカー部に入りたいと思っていました」

to join

(6) **stop 〜 ing 「〜するのを止める」**
「私は友達としゃべるのを止めました」

talking

(7) **like 〜 ing, like to 〜 「〜することが好きだ」**
「私はおばあちゃんに手紙を書くことが好きです」

writing 〔to write〕

(8) **enjoy 〜 ing 「〜して楽しむ」**
「私たちは昨夜，テレビを見て楽しみました」

watching

(9) **begin 〜 ing, begin to 〜 「〜し始める」**
「彼女は突然，泣き始めました」

crying 〔to cry〕

(10) **hope to 〜 「〜したい(と思う)」**
「彼は月へ行きたいと思っていました」
※ hope よりも want の方が，したい気持ちが強いよ

to go

(11) **want +（人）+ to 〜 「（人）に〜してほしい」**
「私はあなたにパーティーへ来てほしいです」
〈ask +（人）+ to 〜〉「（人）に〜するよう頼む」
〈tell +（人）+ to 〜〉「（人）に〜するよう言う」 }のパターンもあるよ

to come

店員さんは "Soup or salad?"「スープにしますか？それともサラダにしますか？」と言ったんだ。どんなサラダだろうと期待せず，どちらか食べたい方を注文しよう。

1 （　）内の語を適する形にする問題

動詞編⑤　過去形にするパターン

例題　次の（　　）内の語を適する形にしよう。

I （ play ） tennis last Sunday.

played

過去を表すことば

★文の中に， $\begin{cases} \text{last} \sim \\ \sim \text{ago} \\ \text{yesterday} \\ \text{then} \end{cases}$ がある → （　　）内の動詞を **過去形** にしよう

☆過去形の作り方☆

・基本は最後に ed をつける！　例　look → look**ed**　　play → play**ed**

・最後が e で終わる動詞　→　d だけをつける　　例　live → live**d**

・**特別な形！**

※よく出る特別な形の過去形トップ5
1．meet → met　　　　2．begin → began　　　3．come → came
4．stop → stopped　　5．take → took

5　次の（　　）内の語を適する形にしよう。

(1)　Mike （ show ） me the picture **last week**.
　　　　　見せる　　　　　　　　　　　　先週

(2)　Who （ come ） to my house **three days ago**?
　　　　　来る　　　　　　　　　　　　　3日前

(3)　I （ take ） a bath **yesterday**.
　　　　ふろに入る　　　　昨日

(4)　She （ ask ） me how to make a cake **last month**.
　　　　　尋ねる　　　　　　　　　　　　　　先月

(5)　I （ live ） in Hawaii **ten years ago**.
　　　　住む　　　　　　　　　10年前

(6)　They （ stop ） walking near the station **then**.
　　　　　止める　　　　　　　　　　　　その時

(7)　I first （ meet ） her **three months ago**.
　　　　　　　会う　　　　　　3ヶ月前

答え

(1)　showed　　　(2)　came　　　(3)　took　　　(4)　asked
(5)　lived　　　(6)　stopped　　(7)　met

動詞編⑥　過去分詞にするパターン　その1

例題　次の（　）内の語を適する形にしよう。

I have (like) basketball for three years.

liked

★（　）の前に have（has）がある → （　）内の動詞を **過去分詞** にしよう

※疑問文・否定文になっても同じだよ

☆過去分詞の作り方☆
ほとんどが過去形と同じ

> 「ハブ(have)過去分詞」
> と覚えよう！
> これが現在完了だよ

※よく出る過去形と違う過去分詞トップ5　（　）の中は過去形
1．be → been（was/were）　　2．write → written（wrote）
3．eat → eaten（ate）　　　　4．do → done（did）　　5．take → taken（took）

6　次の（　）内の語を適する形にしよう。

(1)　We **have**（ eat ）natto in London before.
　　　　　　食べる

(2)　She **has**（ live ）in New York for ten years.
　　　　　　住む

(3)　Sakura **has**（ be ）to Hokkaido twice.
　　　　　～へ行ったことがある

(4)　I **have** just（ do ）my homework.
　　　　　　　　する

(5)　We've just（ write ）a letter.
　　　　　　　書く
　　　　　　　　　　　※ We've は We have の略

(6)　I've already（ take ）a bus for the station.
　　　　　　　　乗る
　　　　　　　　　　　※ I've は I have の略

(7)　**Have** you ever（ visit ）Kyoto?
　　　　　　　　訪れる
　　　　　　　　　　　※ have が前に出ると疑問文

(8)　Kelly **has** never（ have ）miso soup.
　　　　　　　　飲む

答え
(1) eaten	(2) lived	(3) been	(4) done
(5) written	(6) taken	(7) visited	(8) had

13 ～ 14 ページの復習 !!!

次の（　　）内の語を適する形にしよう。

(1) She has (live) in New York for ten years.

(2) Who (come) to my house three days ago?

(3) Sakura has (be) to Hokkaido twice.

(4) I (take) a bath yesterday.

(5) How long have you (play) the guitar?

(6) We have (know) each other for a long time.

(7) Kelly has never (have) miso soup.

(8) I (live) in Hawaii ten years ago.

(9) I've already (take) a bus for the station.

(10) They (stop) walking near the station then.

ココde
ヒトイキ

I want to see Fuji-san. と言うアメリカ人を富士山に
連れて行ったら No! 「ちがう！」 と言われた。なぜだろう？

答えは
コチラ

13～14ページで覚えたこと

・文の中に last ～ , ～ ago, yesterday, then がある → （　　）内の動詞を**過去形**にしよう。
・（　　）の前に have（has）がある → （　　）内の動詞を**過去分詞**にしよう。

(1)　**（　　）の前に has があるから過去分詞**
　「彼女は 10 年間ずっとニューヨークに住んでいます」

lived

(2)　**文の中に three days ago「３日前」があるから過去形**
　「だれが３日前に私の家に来ましたか？」
　※ come の過去形は came

came

(3)　**（　　）の前に has があるから過去分詞**
　「サクラは２回北海道へ行ったことがあります」
　・have（has）been to ～ 「～へ行ったことがある」

been

(4)　**文の中に yesterday「昨日」があるから過去形**
　「私は昨日，ふろに入りました」
　※ take の過去形は took

took

(5)　**（　　）の前に have があるから過去分詞**
　「あなたはどのくらいギターを演奏していますか？」

played

(6)　**（　　）の前に have があるから過去分詞**
　「私たちは長い間，お互いを知っています」
　※ know の過去分詞は known

known

(7)　**（　　）の前に has があるから過去分詞**
　「ケリーはみそ汁を飲んだことがありません」
　※ have の過去分詞は had

had

(8)　**文の中に ten years ago「10 年前」があるから過去形**
　「私は 10 年前，ハワイに住んでいました」

lived

(9)　**（　　）の前に I've があるから過去分詞　※ I've ＝ I have**
　「私はすでに駅行きのバスに乗りました」
　※ take の過去分詞は taken

taken

(10)　**文の中に then「その時」があるから過去形**
　「彼らはその時，駅の近くで歩くのを止めました」
　※ stop の過去形は stopped

stopped

see には「見る」という意味と，「会う」という意味があるよ。
このアメリカ人は「富士山が見たい」じゃなくて，
実は「藤さんに会いたい」と言ったんだ。

動詞編⑦　ing 形にするパターン　その3

例題　次の( )内の語を適する形にしよう。

I am (run) in the park now.

running

★ ( ) の前が **be 動詞**で ( ) の中が **run, go, come, sit, stand, swim**

→ ( ) 内の動詞を **ing 形**にしよう

※前にくる be 動詞は am, are, is, was, were の5種類！

☆ing 形の作り方☆

・基本は最後に ing をつける！　例　talk → talk**ing**　　study → study**ing**

・最後が e で終わる動詞 → e をとって ing をつける！（e とる ing）　例　come → com**ing**

・**特別な形！**　例　run → run**ning** , sit → sit**ting** , swim → swim**ming**

7　次の( )内の語を適する形にしよう。

(1) I **am** (go) to the sea now.
行っている

(2) I **was** (sit) near the building.
座っていた

(3) You **are** (swim) in the pool.
泳いでいる

(4) They **were** (run) on the road.
走っていた

(5) Taro **is** (come) to school.
来ている

(6) **Are** you (go) shopping?
行っている

※ be 動詞が前に出ると疑問文

(7) **Is** Kyoko (stand) in the line in front of the store?
立っている

答え

(1) going　　(2) sitting　　(3) swimming　　(4) running

(5) coming　　(6) going　　(7) standing

動詞編⑧　過去分詞にするパターン　その2

例題　次の( )内の語を適する形にしよう。

The singer was (know) to many people.

known

★ ( ) の前が **be 動詞**で, ( ) の中が know, like, love, hear, call

　　→ ( ) 内の動詞を **過去分詞** にしよう

状態を表す動詞が多いね

※前にくる be 動詞は am, are, is, was, were の5種類！

※**特別な形になる過去分詞！**　know → known ， hear → heard

8　次の( )内の語を適する形にしよう。

(1) I **am** (call) Take-chan.
　　　　呼ばれる

(2) Mr. Takada **is** (like) by my sister.
　　　　　　　　好かれている

(3) You **are** (love) by many people.
　　　　　愛されている

(4) The bells **were** (hear) on the last day of the year.
　　　　　　　　聞かれた

(5) **Is** Teruko (call) Teru-chan?
　　　　　　　呼ばれる
　　　　　　　　　　　　　　　　※ be 動詞が前に出ると疑問文

(6) The news **was** (hear) around the world.
　　　　　　　　聞かれた

(7) Ms. Takahashi **is** (know) as a volleyball player.
　　　　　　　　　　知られている

答え

(1) called	(2) liked	(3) loved	(4) heard
(5) called	(6) heard	(7) known	

1 (　)内の語を適する形にする問題

17 ～ 18 ページの復習 !!!

目標時間
5分

次の(　　)内の語を適する形にしよう。

(1)　You are (swim) in the pool.

(2)　Mr. Takada is (like) by my sister.

(3)　Is Teruko (call) Teru-chan?

(4)　Taro is (come) to school.

(5)　Are you (go) shopping?

(6)　The bells were (hear) on the last day of the year.

(7)　Takeshi is (call) Take-chan.

(8)　Henry was (run) on the mountain at 3 p.m.

(9)　Yuko was (stand) on the desk when the teacher came in.

(10)　They are (sit) on the table now.

(11)　Ms. Takahashi is (know) as a volleyball player.

(12)　He is not (swim) now.

ココde
ヒトイキ

ニューヨークへ旅行中の英太くん。時計を持っていなかったので，近くを歩いていた女性に時間を聞こうと，Do you have time? と言った。でもその女性は英太くんを無視して行ってしまった。いったいなぜ？

答えは
コチラ

17〜18ページで覚えたこと

前が be 動詞で( )の中が
{ run, go, come, sit, stand, swim → ing 形にしよう。
{ know, like, love, hear, call → 過去分詞にしよう。

(1) **swim は ing 形にしよう**
「あなたはプールで泳いでいます」
※ m を 2 つにするよ

swimming

(2) **like は過去分詞にしよう**
「タカダさんは私の姉(妹)に好かれています」

liked

(3) **call は過去分詞にしよう**
「テルコはテルちゃんと呼ばれていますか？」

called

(4) **come は ing 形にしよう**
「タロウは学校に来ているところです」
※ e とる ing だよ

coming

(5) **go は ing 形にしよう**
「あなたは買い物に行くところですか？」

going

(6) **hear は過去分詞にしよう**
「その鐘は１年の最後の日に聞かれました」
※ hear の過去分詞は heard

heard

(7) **call は過去分詞にしよう**
「タケシはタケちゃんと呼ばれています」

called

(8) **run は ing 形にしよう**
「ヘンリーは午後３時に山を走っていました」
※ n を 2 つにするよ

running

(9) **stand は ing 形にしよう**
「ユウコは先生が入って来た時，机の上に立っていました」

standing

(10) **sit は ing 形にしよう**
「彼らは今，テーブルの上に座っています」
※ t を 2 つにするよ

sitting

(11) **know は過去分詞にしよう**
「タカハシさんはバレーボールの選手として知られています」
※ know の過去分詞は known

known

(12) **swim は ing 形にしよう**
「彼は今，泳いでいません」
※ m を 2 つにするよ

swimming

時間を聞くときは Do you have the time? と言うのがふつうだよ。見知らぬ人に Do you have time?「お時間ありますか？」と言うと，ナンパだと思われてしまうんだ。学校で習う What time is it? も時間を聞くときの表現だよ。

まとめの問題

実際に公立入試で出された問題だよ

次の( )内の語を適切な形に直して書きなさい。

(1) He (teach) English in Japan five years ago.

(2) We should (keep) this tradition.

(3) My father (visit) Tokyo last week.

(4) Tomorrow goal will (take) me to my future goal.

(5) Have you ever (eat) Japanese food?

(6) A family by the road (take) care of him last year.

(7) I went to the festival last weekend and (meet) some
of my classmates there.

(8) I've (decide) to read four books next month.

(9) The cake I (eat) yesterday was made by my mother.

(10) Bell is (know) as an inventor of the telephone.

(11) When she comes to the class, she sometimes (teach)
American culture, too.

(12) Takuya's birthday is (come) soon.

(13) (do) you study English last night?

(14) He wanted foreign people (know) that origami is
wonderful.

答えあわせをしよう！　何問できたかな？

(1)　**文の中に five years ago 「5 年前」があるから過去形**

「彼は 5 年前に日本で英語を教えていました」

※ teach の過去形は taught

| taught |

(2)　**( )の前に助動詞 should があるからそのまま書く**

「私たちはこの伝統を守るべきです」

| keep |

(3)　**文の中に last week 「先週」があるから過去形**

「私の父は先週，東京を訪れました」

※ visit は後ろに ed をつければ過去形になるよ

| visited |

(4)　**( )の前に助動詞 will があるからそのまま書く**

「明日の目標が私を将来の目標へ連れて行くでしょう」

| take |

(5)　**( )の前に have があるから過去分詞**

「あなたは今までに和食を食べたことがありますか？」

※ have が前に出ると疑問文　　eat の過去分詞は eaten

| eaten |

(6)　**文の中に last year 「去年」があるから過去形**

「道路ぞいにいた家族が，昨年彼を世話しました」

※ take の過去形は took

| took |

(7)　**文の中に last weekend 「先週末」があるから過去形**

「私は先週末，お祭りへ行ってクラスメートの何人かに会いました」

※ meet の過去形は met

| met |

(8)　**( )の前に I've (I have)があるから過去分詞**

「私は来月 4 冊の本を読むことを決めました」

※ have や has は短縮されることがあるから注意！

| decided |

(9)　**文の中に yesterday 「昨日」があるから過去形**

「私が昨日食べたケーキは母によって作られました」

※ eat の過去形は ate

| ate |

(10)　**( )の前が be 動詞で，( )の中が know だから過去分詞**

「ベルは電話の発明者として知られています」

※ know の過去分詞は known

| known |

(11)　**何もヒントがないときは文の中の他の動詞に合わせよう**

「彼女はクラスに来るとき，時々アメリカ文化も教えてくれます」

※ comes に合わせて現在形で，主語が she だから teaches

| teaches |

(12)　**( )の前が be 動詞で，( )の中が come だから ing 形**

「タクヤの誕生日がもうすぐ来ます」

※ e とる ing

| coming |

(13)　**文の中に last night 「昨夜」があるから過去形**

「あなたは昨夜，英語を勉強しましたか？」

※ do の過去形は did で，文の最初は大文字にしよう

| Did |

(14)　**want +(人)+ to+ 動詞の原形「(人)に〜してほしい」**

「彼は外国の人々に折り紙がすばらしいことを知ってほしかった」

| to know |

形容詞・副詞編① 比較級にするパターン

例題 次の（ ）内の語を適する形にしよう。

Ichiro is (tall) than me.

| taller |

★ （ ） の後ろに than → （ ） 内の形容詞を **比較級** にしよう

☆比較級の作り方☆

・基本は最後に er をつける！　例　small → small**er**

・最後が e なら r だけをつける！　例　large → large**r**

・famous, beautiful, popular は，前に more をつける！

　　例　famous → **more** famous

よく出る

・**特別な形！** big → big**ger**,　happy → happ**ier**,　early → earl**ier**,
　good/well → **better**,　many/much → **more**

---

1 次の（ ）内の語を適する形にしよう。

(1)　I am (short) **than** my father.
　　　背が低い　　〜より

| |

(2)　His camera is (old) **than** mine.
　　　　　　　　古い

| |

(3)　Hokkaido is (large) **than** Tokyo.
　　　　　　　　大きい

| |

(4)　That cake is (big) **than** this one.
　　　　　　　大きい

| |

(5)　Takeru is (popular) **than** Ken.
　　　　　　　　人気がある

| |

(6)　Eating a little is (good) **than** eating too much.
　　　　　　　　　　　　よい

| |

(7)　Kyoko is (beautiful) **than** my sister.
　　　　　　　　　美しい

| |

答え

(1)　shorter　　　(2)　older　　　(3)　larger　　　(4)　bigger

(5)　more popular　(6)　better　　(7)　more beautiful

形容詞・副詞編②　最上級にするパターン

例題　次の（　　）内の語を適する形にしよう。

Pochi is the (small) in my family.

smallest

★ （　　）の直前に the　→　（　　）内の形容詞を **最上級** にしよう

☆最上級の作り方☆

・基本は最後に est をつける！　例　small → small**est**

・最後が e なら st だけをつける！　例　large → large**st**

・famous, beautiful, popular は，前に most をつける！

　　例　famous → **most** famous

よく出る

・**特別な形！** big → big**gest**,　happy → happ**iest**,　early → earl**iest**,
　good/well → **best**,　many/much → **most**

2　次の（　　）内の語を適する形にしよう。

(1)　Jiro is **the** (tall) boy in my class.
　　　　　　　背が高い

(2)　Judy was **the** (small) girl of the three.
　　　　　　　　小さい

(3)　I am **the** (happy) person in the world.
　　　　　　　　幸せな

(4)　Masao is **the** (famous) artist in Japan.
　　　　　　　　有名な

(5)　Russia is **the** (big) country.
　　　　　　　　大きい

(6)　Tom gets up **the** (early) in my family.
　　　　　　　　　早い

(7)　I like winter **the** (well).
　　　　　　　　　よく

答え

(1)　tallest	(2)　smallest	(3)　happiest	(4)　most famous
(5)　biggest	(6)　earliest	(7)　best	

1 （　）内の語を適する形にする問題

23 〜 24 ページの復習 !!!

目標時間
5分

次の（　　）内の語を適する形にしよう。

(1) You are (tall) than I.

(2) My sister is (old) than my brother.

(3) Shimanto City is the (hot) in Japan.

(4) Hokkaido is (large) than Tokyo.

(5) Tom gets up the (early) in my family.

(6) Masao is the (famous) artist in Japan.

(7) Jane can speak French (well) than Bob.

(8) Kana has (many) cats than Tomoko.

(9) I think Shoko is the (beautiful) in the world.

(10) It is one of the (big) Buddhas in Japan.

(11) Mike plays the guitar the (well) in my class.

(12) In America, football is (popular) than baseball.

ココde
ヒトイキ

あるパーティーに出席した教子さん。パーティー開始30分で超イケメンのトムくん
(仮名18歳)が疲れた様子だった。今がチャンス！教子さんが「疲れたの？」と聞こうと
して Are you tiring? と言うとトムくんは突然怒り始めてしまった。いったいなぜ？

答えは
コチ…

23〜24ページで覚えたこと

（　）の後ろに than　→　（　　　）内の形容詞・副詞を**比較級**にしよう。
（　）の直前に the　→　（　　　）内の形容詞・副詞を**最上級**にしよう。

(1)　後ろに **than** があるから比較級
「あなたは私よりも背が高いです」

taller

(2)　後ろに **than** があるから比較級
「私の姉は私の弟より年上です」

older

(3)　直前に **the** があるから最上級
「四万十市は日本で一番暑いです」
※ hot → hot**test**

hottest

(4)　後ろに **than** があるから比較級
「北海道は東京よりも大きいです」
※ large は最後が e だから r をつけるだけ

larger

(5)　直前に **the** があるから最上級
「トムは家族の中で最も早く起きます」
※ early → earliest

earliest

(6)　直前に **the** があるから最上級
「マサオは日本で一番有名な芸術家です」
※ famous → **most** famous

most famous

(7)　後ろに **than** があるから比較級
「ジェーンはボブより上手にフランス語を話します」
※ well → **better**

better

(8)　後ろに **than** があるから比較級
「カナはトモコより多くのネコを飼っています」
※ many → **more**

more

(9)　直前に **the** があるから最上級
「私はショウコが世界で一番美しいと思います」
※ beautiful → **most** beautiful

most beautiful

(10)　直前に **the** があるから最上級
「それは日本で最も大きな大仏の一つです」
※ big → big**gest**

biggest

(11)　直前に **the** があるから最上級
「マイクは私のクラスで一番上手にギターを弾きます」
※ well → **best**

best

(12)　後ろに **than** があるから比較級
「アメリカでは，フットボールは野球より人気があります」
※ popular → **more** popular

more popular

　「疲れたの？」と聞くときは Are you tired? と言うんだ。教子さんの言った Are you tiring? は「あなたは一緒にいると疲れる男なの？」という意味だよ。こうして教子さんは超イケメンと仲良くなる機会を失ったのでした。

2　（　）内の語を並べかえる問題

練習編①　「〜します」の文（一般動詞の肯定文）

例題　日本語の文に合うように（　　　）内の語を並べかえよう。

彼は / 毎日, / 学校で / 英語を / 勉強します。

（ studies / school / he / at / day / every / English ）.

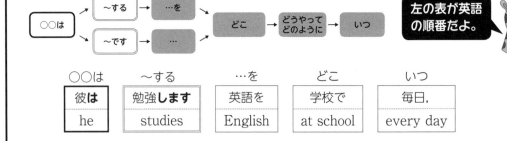

He studies English at school every day.

------- この問題の解き方 -------

1. 日本語と英語を対応させよう

彼は	毎日,	学校で	英語を	勉強します
he	every day	at school	English	studies

2. 英語の順番に並べかえよう

左の表が英語の順番だよ。

○○は	〜する	…を	どこ	いつ
彼は	勉強します	英語を	学校で	毎日,
he	studies	English	at school	every day

1 日本語の文に合うように（　　　）内の語を並べかえよう。

(1)　私は / 小さな町に / 住んでいます。

　　　（ small / in / I / town / live / a ）.

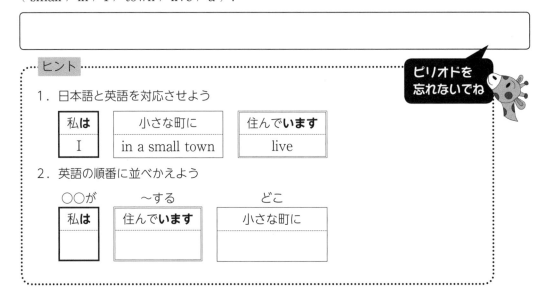

ピリオドを忘れないでね

ヒント

1. 日本語と英語を対応させよう

私は	小さな町に	住んでいます
I	in a small town	live

2. 英語の順番に並べかえよう

○○が	〜する	どこ
私は	住んでいます	小さな町に

(2) 私の父は / 東京で / お好み焼きを / 作りました。

(Tokyo / okonomiyaki / my father / made / in) .

文の最初は大文字だよ！

ヒント

1．日本語と英語を対応させよう

私の父は	東京で	お好み焼きを	作りました
my father	in Tokyo	okonomiyaki	made

2．英語の順番に並べかえよう

○○は	～する	…を	どこ
私の父は	作りました	お好み焼きを	東京で

(3) 彼女は / 昨日, / 家で / 本を / 読みました。

(at / book / she / yesterday / read / a / home) .

ヒント

1．日本語と英語を対応させよう

彼女は	昨日,	家で	本を	読みました
she	yesterday	at home	a book	read

2．英語の順番に並べかえよう

○○は	～する	…を	どこ	いつ
彼女は	読みました	本を	家で	昨日,

ここに書いてみるとわかりやすいね

答え
(1) I live in a small town.
(2) My father made okonomiyaki in Tokyo.
(3) She read a book at home yesterday.

②（　）内の語を並べかえる問題

練習編② 助動詞の肯定文

例題　日本語の文に合うように（　　　）内の語を並べかえよう。

私たちは / 野球とバスケットボールを / することができます。

（ we / baseball and / play / basketball / can ）.

> We can play baseball and basketball.

------- この問題の解き方 -------

1．日本語と英語を対応させよう

私たち**は**	野球とバスケットボールを	する**ことができます**
we	baseball and basketball	can play

2．英語の順番に並べかえよう

○○は	〜する	…を
私たち**は**	する**ことができます**	野球とバスケットボールを
we	can play	baseball and basketball

ポイント

★ 助動詞は動詞の前にくるよ。
★ 日本語に「〜できる」，「〜だろう」，「〜するつもり」，「〜かもしれない」，
　「〜しなければならない」，「〜するべき」があったら助動詞を考えよう。

---

② 日本語の文に合うように（　　　）内の語を並べかえよう。

(1) 兄と私は / 母を / 手伝わなければなりません。

　（ brother and / help / my mother / I / my / must ）.

文の最初は
大文字だったね

----- ヒント -----

1．日本語と英語を対応させよう

(私の)兄と私**は**	母を	手伝わ**なければなりません**
my brother and I	my mother	must help

　・だれの兄なのか，だれの母なのかをはっきりさせよう　「兄」→「私の兄」　「母」→「私の母」

2．英語の順番に並べかえよう

○○は	〜する	…を
(私の)兄と私**は**	手伝わ**なければなりません**	母を

(2) マークは / ミホと一緒に / 北海道へ / 行くべきです。

(go / Mark / Miho / Hokkaido / should / to / with) .

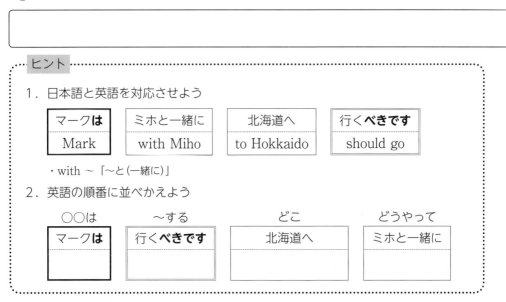

(3) 私は / 来年，/ 飛行機で / ハワイを / 訪れるつもりです。

(will / year / by / I / next / plane / visit / Hawaii) .

答え
(1) My brother and I must help my mother.
(2) Mark should go to Hokkaido with Miho.
(3) I will visit Hawaii by plane next year.

練習編③　現在完了の肯定文

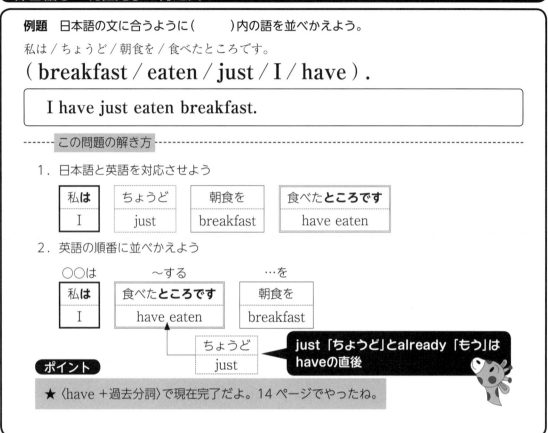

例題　日本語の文に合うように（　　　）内の語を並べかえよう。

私は / ちょうど / 朝食を / 食べたところです。

（ breakfast / eaten / just / I / have ）．

I have just eaten breakfast.

------ この問題の解き方 ------

1．日本語と英語を対応させよう

私は	ちょうど	朝食を	食べた**ところです**
I	just	breakfast	have eaten

2．英語の順番に並べかえよう

○○は	〜する	…を
私は	食べた**ところです**	朝食を
I	have eaten	breakfast

ちょうど / just

just「ちょうど」とalready「もう」はhaveの直後

ポイント

★〈have ＋過去分詞〉で現在完了だよ。14 ページでやったね。

3　日本語の文に合うように（　　　）内の語を並べかえよう。

(1)　私の兄は / もう / そのテストを / 終えてしまいました。

（ brother / test / finished / my / already / the / has ）．

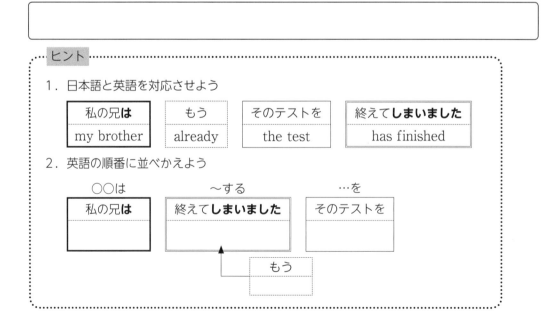

ヒント

1．日本語と英語を対応させよう

私の兄**は**	もう	そのテストを	終えて**しまいました**
my brother	already	the test	has finished

2．英語の順番に並べかえよう

○○は	〜する	…を
私の兄**は**	終えて**しまいました**	そのテストを

もう

(2) メアリーは / 10年間 / サッカーを / しています。

(for / Mary / ten / soccer / played / years / has) ．

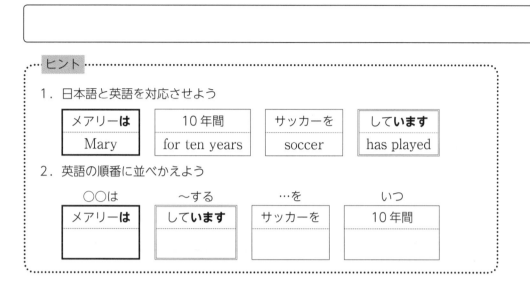

ヒント

1．日本語と英語を対応させよう

メアリーは	10年間	サッカーを	しています
Mary	for ten years	soccer	has played

2．英語の順番に並べかえよう

○○は	～する	…を	いつ
メアリーは	しています	サッカーを	10年間

(3) 私は / 一度 / 富山へ / 行ったことがあります。

(have / once / Toyama / been / I / to) ．

ヒント

1．日本語と英語を対応させよう

私は	一度	富山へ	行ったことがあります
I	once	to Toyama	have been

2．英語の順番に並べかえよう

○○は	～する	どこ	(いつ)
私は	行ったことがあります	富山へ	一度

have been to ～ 「～へ行ったことがある」
よく出るから覚えよう

答え

(1) My brother has already finished the test.
(2) Mary has played soccer for ten years.
(3) I have been to Toyama once.

2 ( )内の語を並べかえる問題

練習編④ 「〜ではありません」の文（be動詞の否定文）

例題　日本語の文に合うように（　　　）内の語を並べかえよう。

あなたは / タカオのお父さん / ではありません。

（ not / Takao's / are / father / you ）.

> You are not Takao's father.

------- この問題の解き方 -------

1．日本語と英語を対応させよう

あなたは	タカオのお父さん	ではありません
you	Takao's father	are not

2．英語の順番に並べかえよう

あなたは	ではありません	タカオのお父さん
you	are not	Takao's father

ポイント

★ not「〜でない」を be 動詞のすぐ後につける。
※ 並べかえる問題では必ず問題に書いてある通りに書こう。
　　勝手に短縮形にすると×になるよ。

4 　日本語の文に合うように（　　　）内の語を並べかえよう。

(1) それは / 私のリンゴ / ではありませんでした。

（ not / my / it / apple / was ）.

wasn'tにしちゃダメ

--- ヒント ---

1．日本語と英語を対応させよう

それは	私のリンゴ	ではありませんでした
it	my apple	was not

2．英語の順番に並べかえよう

それは	ではありませんでした	私のリンゴ

- 33 -

(2) 彼の好きな食べ物は / たこ焼き / ではありません。

(food / takoyaki / favorite / his / is / not) .

isn'tにしちゃダメ

ヒント

1. 日本語と英語を対応させよう

彼の好きな食べ物**は**	たこ焼き	では**ありません**
his favorite food	takoyaki	is not

2. 英語の順番に並べかえよう

彼の好きな食べ物**は**	では**ありません**	たこ焼き

(3) 食べすぎることは / あなたの体に / よく / ありません。

(much / body / good / too / isn't / your / eating / for) .

is notにしちゃダメ

ヒント

1. 日本語と英語を対応させよう

食べすぎること**は**	あなたの体に	よく	**ありません**
eating too much	for your body	good	isn't

2. 英語の順番に並べかえよう

食べすぎること**は**	**ありません**	よく	あなたの体に

答え

(1) It was not my apple.
(2) His favorite food is not takoyaki.
(3) Eating too much isn't good for your body.

練習編⑤　一般動詞・助動詞の否定文

例題 日本語の文に合うように（　　　　）内の語を並べかえよう。

カナは / 昨日, / タカシと / 話しませんでした。

（ talk / yesterday / Takashi / with / didn't / Kana ）.

Kana didn't talk with Takashi yesterday.

------- この問題の解き方 -----------------------------

1．日本語と英語を対応させよう

カナは	昨日,	タカシと	話し**ません**でした
Kana	yesterday	with Takashi	didn't talk

2．英語の順番に並べかえよう

カナは	話し**ません**でした	タカシと	昨日,
Kana	didn't talk	with Takashi	yesterday

ポイント

★「〜しない」という文は動詞の前に do not, does not を入れる。
★「〜しなかった」という文は動詞の前に did not を入れる。
※ 並べかえる問題では，必ず問題に書いてある通りに書こう。
　　勝手に短縮形にすると×になるよ。

---

5 日本語の文に合うように（　　　　）内の語を並べかえよう。

(1) 彼らは / 昨日, / 私に / 会いませんでした。

（ me / meet / yesterday / they / didn't ）.

> **didn'tはdid notの短縮形だよ**

ヒント

1．日本語と英語を対応させよう

彼らは	昨日,	私に	会いません**でした**
they	yesterday	me	didn't meet

2．英語の順番に並べかえよう

彼らは	会いません**でした**	私に	昨日,

(2) 私たちは / 車を / 運転できません。

（ drive / we / car / can't / a ）.

can'tはcannotの
短縮形だよ

```

```

ヒント

1. 日本語と英語を対応させよう

私たちは	車を	運転できません
we	a car	can't drive

2. 英語の順番に並べかえよう

私たちは	運転できません	車を

（ ）内に助動詞が
あったら，助動詞の
直後にnotを入れよう

(3) あなたは / 5時まで / あのイスに / 座ってはいけません。

（ until five / sit / mustn't / on / chair / you / that ）.

mustn'tはmust notの
短縮形だよ

```

```

ヒント

1. 日本語と英語を対応させよう

あなたは	5時まで	あのイスに	座ってはいけません
you	until five	on that chair	mustn't sit

2. 英語の順番に並べかえよう

あなたは	座ってはいけません	あのイスに	5時まで

答え

(1) They didn't meet me yesterday.

(2) We can't drive a car.

(3) You mustn't sit on that chair until five.

練習編⑥ 現在完了の否定文

例題 日本語の文に合うように（　　）内の語を並べかえよう。

私は / まだ / 宿題を / やっていません。

（ done / yet / homework / have / not / I / my ）．

I have not done my homework yet.

-------- この問題の解き方 --------

1．日本語と英語を対応させよう

私は	まだ	(私の)宿題を	やっていません
I	yet	my homework	have not done

2．英語の順番に並べかえよう

私は	やっていません	(私の)宿題を	まだ
I	have not done	my homework	yet

ポイント

★ not は have の直後。〈have not ＋過去分詞〉の順番。

yetはいつでも
文の最後

---

6 日本語の文に合うように（　　）内の語を並べかえよう。

(1) 私は / アメリカへ / 行ったことがありません。

（ never / America / have / to / been / I ）．

ヒント

1．日本語と英語を対応させよう

私は	アメリカへ	行ったことがありません
I	to America	have never been

2．英語の順番に並べかえよう

私は	行ったことがありません	アメリカへ

have never ＋ 過去分詞 「～したことがない」
よく出るから覚えよう

(2) 私の母は / まだ / 夕食を / 作っていません。

(cooked / my / yet / mother / dinner / has / not) .

[　　　　　　　　　　　　　　　　　　　　　　　　　　　　　　　　]

ヒント

1. 日本語と英語を対応させよう

私の母は	まだ	夕食を	作って**いません**
my mother	yet	dinner	has not cooked

2. 英語の順番に並べかえよう

私の母は	作って**いません**	夕食を	まだ

(3) 彼は / 昨年から / お兄さんに / 会っていません。

(his / hasn't / year / since / he / seen / last / brother) .

> hasn'tはhas notの
> 短縮形だよ

[　　　　　　　　　　　　　　　　　　　　　　　　　　　　　　　　]

ヒント

1. 日本語と英語を対応させよう

彼は	昨年から	お兄さんに	会って**いません**
he	since last year	his brother	hasn't seen

・だれの「お兄さん」なのかを考えよう　「お兄さん」→「彼のお兄さん」

2. 英語の順番に並べかえよう

彼は	会って**いません**	お兄さんに	昨年から

答え

(1) I have never been to America.
(2) My mother has not cooked dinner yet.
(3) He hasn't seen his brother since last year.

練習編⑦ 「〜ですか」の文（be 動詞の疑問文）

例題 日本語の文に合うように（　　　）内の語を並べかえよう。

あの女性は / お年寄りに / 親切 / ですか。

(to / woman / old / is / people / that / kind) ?

Is that woman kind to old people?

------ この問題の解き方 ------

1．日本語と英語を対応させよう

あの女性**は**	お年寄りに	親切	**ですか**	
that woman	to old people	kind	is	?

2．is を文の最初に移動して，英語の順番に並べかえよう

ですか	あの女性**は**	親切	お年寄りに	
is	that woman	kind	to old people	?

ポイント

★「〜ですか」，「〜でしたか」という文は be 動詞を文の最初に移動しよう。
★ 文の最後に？を忘れずにつけよう。

---

7 日本語の文に合うように（　　　）内の語を並べかえよう。

(1) あなたは / 3 年前 / 学生 / でしたか。

(years / a / you / student / ago / were / three) ?

解答らんに「？」がないね。
自分でつけてあげよう。

------ ヒント ------

1．日本語と英語を対応させよう

あなた**は**	3 年前	学生	**でしたか**	
you	three years ago	a student	were	?

2．were を文の最初に移動して，英語の順番に並べかえよう

でしたか	あなた**は**	学生	3 年前	
				?

(2) トムは / テニスをするの / が得意 / ですか。

(at / tennis / Tom / is / good / playing) ?

[   ]

ヒント

1. 日本語と英語を対応させよう

トムは	テニスをするの	が得意	ですか	
Tom	playing tennis	good at	is	?

2. is を文の最初に移動して，英語の順番に並べかえよう

ですか	トムは	が得意	テニスをするの	
				?

(3) それらは / 冬に / 必要 / ですか。

(winter / necessary / they / in / are) ?

[   ]

ヒント

1. 日本語と英語を対応させよう

それらは	冬に	必要	ですか	
they	in winter	necessary	are	?

2. are を文の最初に移動して，英語の順番に並べかえよう

ですか	それらは	必要	冬に	
				?

答え

(1) Were you a student three years ago?
(2) Is Tom good at playing tennis?
(3) Are they necessary in winter?

練習編⑧　一般動詞・助動詞の疑問文

例題　日本語の文に合うように（　　　）内の語を並べかえよう。

あなたは / 毎日 / 歩きますか。

（ every / walk / you / day / do ）？

> Do you walk every day?

------- この問題の解き方 -------

1．日本語と英語を対応させよう

あなた**は**	毎日	歩き**ますか**	
you	every day	walk	？

2．do を文の最初に入れて，英語の順番に並べかえよう

do	あなた**は**	歩き**ますか**	毎日	
do	you	walk	every day	？

ポイント

★「〜しますか」という文は，文の最初に do, does を入れる。
★「〜しましたか」という文は，文の最初に did を入れる。
★ 文の最後に？があって，（　　）内に助動詞がある → 助動詞を文の最初に移動。

8　日本語の文に合うように（　　　）内の語を並べかえよう。

(1) ジョージは / 日本語を / 勉強しましたか。

（ Japanese / George / did / study ）？

ヒント

1．日本語と英語を対応させよう

ジョージ**は**	日本語を	勉強**しましたか**	
George	Japanese	study	？

2．did を文の最初に入れて，英語の順番に並べかえよう

did	ジョージ**は**	勉強**しましたか**	日本語を	
did				？

(2) アンは / 海で / 泳ぐことができますか。

（ Ann / in / swim / sea / can / the ）？

ヒント

1．日本語と英語を対応させよう

アンは	海で	泳ぐ**（ことができます）か**	
Ann	in the sea	can swim	？

2．can を文の最初に移動して，英語の順番に並べかえよう

	アンは	泳ぐ**（ことができます）か**	海で	
can				？

(3) 彼は / 窓を / 開けるつもりですか。

（ the / he / open / window / will ）？

ヒント

1．日本語と英語を対応させよう

彼は	窓を	開ける**（つもりです）か**	
he	the window	will open	？

2．will を文の最初に移動して，英語の順番に並べかえよう

	彼は	開ける**（つもりです）か**	窓を	
will				？

答え
(1) Did George study Japanese?
(2) Can Ann swim in the sea?
(3) Will he open the window?

2 （　）内の語を並べかえる問題

練習編⑨　現在完了の疑問文

例題　日本語の文に合うように（　　　）内の語を並べかえよう。

ケンは／長い間／秋田に／住んでいますか。

（ lived ／ Ken ／ has ／ Akita ／ time ／ a ／ for ／ long ／ in ）？

| Has Ken lived in Akita for a long time? |

------ この問題の解き方 ------

1．日本語と英語を対応させよう

ケン**は**	長い間	秋田に	住んで**いますか**	
Ken	for a long time	in Akita	has lived	?

2．has を文の最初に移動して，英語の順番に並べかえよう

	ケン**は**	住んで**いますか**	秋田に	長い間	
has	Ken	lived	in Akita	for a long time	?

ポイント

★ 文の最後に？があって，（　　）内に have（has）と過去分詞がある
　→ have（has）を文の最初に移動

9　日本語の文に合うように（　　　）内の語を並べかえよう。

(1)　あなたは／京都へ／行ったことがありますか。

（ you ／ Kyoto ／ been ／ have ／ to ）？

| |

ヒント

1．日本語と英語を対応させよう

あなた**は**	京都へ	行ったことが**ありますか**	
you	to Kyoto	have been	?

2．have を文の最初に移動して，英語の順番に並べかえよう

	あなた**は**	行ったことが**ありますか**	京都へ	
have				?

(2) ジュンは / もう / ケーキを / 作りましたか。

(yet / Jun / made / a / has / cake) ?

_____

ヒント

1. 日本語と英語を対応させよう

ジュンは	もう	ケーキを	作りましたか	
Jun	yet	a cake	has made	?

2. has を文の最初に移動して，英語の順番に並べかえよう

has	ジュンは	作りましたか	ケーキを	もう	?

疑問文での「もう」は yetだよ

(3) マイクは / 3年間 / 日本語を / 勉強していますか。

(Japanese / three / studied / Mike / years / has / for) ?

_____

ヒント

1. 日本語と英語を対応させよう

マイクは	3年間	日本語を	勉強していますか	
Mike	for three years	Japanese	has studied	?

2. has を文の最初に移動して，英語の順番に並べかえよう

has	マイクは	勉強していますか	日本語を	3年間	?

さあ，次は復習だ！

答え

(1) Have you been to Kyoto?
(2) Has Jun made a cake yet?
(3) Has Mike studied Japanese for three years?

②（ ）内の語を並べかえる問題

並べかえの復習①

目標時間
15分

日本語の文に合うように（　　　）内の語を並べかえよう。

(1) 私は 小さな町に 住んでいます。

（ small / in / I / town / live / a ）.

ヒント

1. 日本語と英語を対応させよう

私は	小さな町に	住んでいます

2. どうやって並べかえるか考えてみよう

「だれが」＋「どうする」…の順番
並べ方は27ページにあるよ

(2) 兄と私は 母を 手伝わなければなりません。

（ brother and / help / my mother / I / my / must ）.

ヒント

1. 日本語と英語を対応させよう

兄と私は	母を	手伝わなければなりません

2. どうやって並べかえるか考えてみよう

助動詞は動詞の前にくるよ
並べ方は29ページにあるよ

(3) 私の兄は もう そのテストを 終えてしまいました。

（ brother / test / finished / my / already / the / has ）.

ヒント

1. 日本語と英語を対応させよう

私の兄は	もう	そのテストを	終えてしまいました

2. どうやって並べかえるか考えてみよう

alreadyの位置に注意
並べ方は31ページにあるよ

(4) 私の父は 東京で お好み焼きを 作りました。

(Tokyo / okonomiyaki / my father / made / in).

ヒント

1. 日本語と英語を対応させよう

| 私の父**は** | 東京で | お好み焼きを | 作り**ました** |

2. どうやって並べかえるか考えてみよう

並べ方は28ページにあるよ

(5) それは 私のリンゴ ではありませんでした。

(not / my / it / apple / was).

ヒント

1. 日本語と英語を対応させよう

| それ**は** | 私のリンゴ | では**ありませんでした** |

2. どうやって並べかえるか考えてみよう

notの位置に注意
並べ方は33ページにあるよ

答え
(1) I live in a small town.
(2) My brother and I must help my mother.
(3) My brother has already finished the test.
(4) My father made okonomiyaki in Tokyo.
(5) It was not my apple.

並べかえの復習②

目標時間
15分

日本語の文に合うように( )内の語を並べかえよう。

(1) トムは テニスをするのが 得意 ですか。

(at / tennis / Tom / is / good / playing) ?

ヒント

1. 日本語と英語を対応させよう

トムは	テニスをするの	が得意	ですか	
				?

2. どうやって並べかえるか考えてみよう

isの位置に注意
並べ方は40ページにあるよ

(2) 彼らは 昨日, 私に 会いませんでした。

(me / meet / yesterday / they / didn't) .

ヒント

1. 日本語と英語を対応させよう

彼らは	昨日,	私に	会いませんでした

2. どうやって並べかえるか考えてみよう

didn't は did not の短縮形
並べ方は35ページにあるよ

(3) 私は 一度 富山へ 行ったことがあります。

(have / once / Toyama / been / I / to) .

ヒント

1. 日本語と英語を対応させよう

私は	一度	富山へ	行ったことがあります

2. どうやって並べかえるか考えてみよう

onceの位置に注意
並べ方は32ページにあるよ

(4) 私は 来年，飛行機で ハワイを 訪れるつもりです。

（ will / year / by / I / next / plane / visit / Hawaii ）.

並べ方は30ページにあるよ

ヒント

1．日本語と英語を対応させよう

| 私は | 来年， | 飛行機で | ハワイを | 訪れる**つもりです** |

2．どうやって並べかえるか考えてみよう

(5) ジョージは 日本語を 勉強しましたか。

（ Japanese / George / did / study ）?

ヒント

1．日本語と英語を対応させよう

| ジョージは | 日本語を | 勉強**しましたか** | ? |

2．どうやって並べかえるか考えてみよう

didの位置に注意
並べ方は41ページにあるよ

答え

(1) Is Tom good at playing tennis?
(2) They didn't meet me yesterday.
(3) I have been to Toyama once.
(4) I will visit Hawaii by plane next year.
(5) Did George study Japanese?

② ( )内の語を並べかえる問題

並べかえの復習③

目標時間
15分

日本語の文に合うように（　　　）内の語を並べかえよう。

(1) 彼女は 昨日，家で 本を 読みました。

(at / book / she / yesterday / read / a / home) .

ヒント

1. 日本語と英語を対応させよう

彼女は	昨日，	家で	本を	読みました

2. どうやって並べかえるか考えてみよう

並べ方は28ページにあるよ

(2) 彼は 昨年から お兄さんに 会っていません。

(his / hasn't / year / since / he / seen / last / brother) .

ヒント

1. 日本語と英語を対応させよう

彼は	昨年から	お兄さんに	会っていません

2. どうやって並べかえるか考えてみよう

だれの「お兄さん」なのかを考えよう
並べ方は38ページにあるよ

(3) マイクは 3年間 日本語を 勉強していますか。

(Japanese / three / studied / Mike / years / has / for) ?

ヒント

1. 日本語と英語を対応させよう

マイクは	3年間	日本語を	勉強していますか	？

2. どうやって並べかえるか考えてみよう

hasの位置に注意
並べ方は44ページにあるよ

(4) 彼は 窓を 開けるつもりですか。

(the / he / open / window / will) ?

```
┌────────────────────────────────────────────────┐
│                                                │
└────────────────────────────────────────────────┘
```

ヒント

1．日本語と英語を対応させよう

| 彼は | 窓を | 開ける**つもりですか** | ？ |

2．どうやって並べかえるか考えてみよう

willの位置に注意
並べ方は42ページにあるよ

(5) ジュンは もう ケーキを 作りましたか。

(yet / Jun / made / a / has / cake) ?

```
┌────────────────────────────────────────────────┐
│                                                │
└────────────────────────────────────────────────┘
```

ヒント

1．日本語と英語を対応させよう

| ジュンは | もう | ケーキを | 作り**ましたか** | ？ |

2．どうやって並べかえるか考えてみよう

hasとyetの位置に注意
並べ方は44ページにあるよ

答え

(1) She read a book at home yesterday.
(2) He hasn't seen his brother since last year.
(3) Has Mike studied Japanese for three years?
(4) Will he open the window?
(5) Has Jun made a cake yet?

並べかえの復習④

日本語の文に合うように（　　　）内の語を並べかえよう。

(1) 私は まだ 宿題を やっていません。

(done / yet / homework / have / not / I / my) .

ヒント

1. 日本語と英語を対応させよう

私は	まだ	(私の)宿題を	やっていません

2. どうやって並べかえるか考えてみよう

notの位置に注意
並べ方は37ページにあるよ

(2) 彼は 毎日，学校で 英語を 勉強します。

(studies / school / he / at / day / every / English) .

ヒント

1. 日本語と英語を対応させよう

彼は	毎日，	学校で	英語を	勉強します

2. どうやって並べかえるか考えてみよう

並べ方は27ページにあるよ

(3) ケンは 長い間 秋田に 住んでいますか。

(lived / Ken / has / Akita / time / a / for / long / in) ?

ヒント

1. 日本語と英語を対応させよう

ケンは	長い間	秋田に	住んでいますか	？

2. どうやって並べかえるか考えてみよう

hasの位置に注意
並べ方は43ページにあるよ

(4) カナは 昨日，タカシと 話しませんでした。

(talk / yesterday / Takashi / with / didn't / Kana) ．

ヒント

1．日本語と英語を対応させよう

カナ**は**	昨日，	タカシと	話し**ませんでした**

2．どうやって並べかえるか考えてみよう

didn'tはdid notの短縮形
並べ方は35ページにあるよ

(5) 私は ちょうど 朝食を 食べたところです。

(breakfast / eaten / just / I / have) ．

ヒント

1．日本語と英語を対応させよう

私**は**	ちょうど	朝食を	食べた**ところです**

2．どうやって並べかえるか考えてみよう

justの位置に注意
並べ方は31ページにあるよ

答え

(1) I have not done my homework yet.
(2) He studies English at school every day.
(3) Has Ken lived in Akita for a long time?
(4) Kana didn't talk with Takashi yesterday.
(5) I have just eaten breakfast.

まとめの問題

実際に公立入試で出題された問題だよ

問題 日本語の文に合うように（　　　）内の語を並べかえなさい。　　　　答えは 56 ページ

(1) 私は 10 時まで宿題をしました。

I (ten / my / did / until / homework) o'clock.

I (　　　　　　　　　　　　　　　　　　　　　　　) o'clock.

わからなかったら右のページを見よう。

(2) あのゲームは私にとってとてもおもしろいです。

That (interesting / very / is / game / to) me.

That (　　　　　　　　　　　　　　　　　　　　　) me.

わからなかったら右のページを見よう。

(3) ケンはまだ宿題を終えていません。

Ken (not / his homework / finished / yet / has).

Ken (　　　　　　　　　　　　　　　　　　　　　).

わからなかったら 55 ページを見よう。

(4) タクヤの家族は 2 年間オーストラリアに住んでいます。

Takuya's family (lived / for / years / have / Australia / two / in).

Takuya's family (　　　　　　　　　　　　　　　　).

わからなかったら 55 ページを見よう。

(5) あなたのお兄さんはこれらの歌が好きですか。

Does (songs / these / brother / like / your)?

Does (　　　　　　　　　　　　　　　　　　　　)?

わからなかったら 56 ページを見よう。

(6) それはすべての映画の中で最もわくわくする映画です。

It is (all / the / exciting / of / movie / most) movies.

It is (　　　　　　　　　　　　　　　　　　　　) movies.

わからなかったら 56 ページを見よう。

全部並べかえるんじゃないんだ。
こっちの方が簡単だ！

(1) こうやって考えよう。

日本語をパーツに分けて英語を対応させよう。

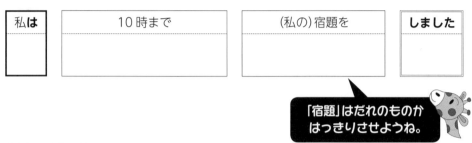

英語の順番に並べかえよう。

(2) こうやって考えよう。

日本語をパーツに分けて英語を対応させよう。

あのゲームは	私にとって	とてもおもしろい	です

英語の順番に並べかえよう。

あのゲームは	です	とてもおもしろい	私にとって

2 ( )内の語を並べかえる問題

(3) こうやって考えよう。

日本語をパーツに分けて英語を対応させよう。

ケンは	まだ	(彼の)宿題を	終えて**いません**

14ページで紹介した
〈ハブ過去分詞〉だよ

英語の順番に並べかえよう。

ケンは	終えて**いません**	(彼の)宿題を	まだ

(4) こうやって考えよう。

日本語をパーツに分けて英語を対応させよう。

タクヤの家族**は**	2年間	オーストラリアに	住んで**います**

14ページで紹介した
〈ハブ過去分詞〉だよ

英語の順番に並べかえよう。

タクヤの家族**は**	住んで**います**	オーストラリアに	2年間

(5) こうやって考えよう。

日本語をパーツに分けて英語を対応させよう。

あなたのお兄さんは	これらの歌が	好きですか	?

疑問文だから順番に
気をつけてね

英語の順番に並べかえよう。

	あなたのお兄さんは	好きですか	これらの歌が	?

(6) こうやって考えよう。

日本語をパーツに分けて英語を対応させよう。

それは	すべての映画の中で	最もわくわくする映画	です

the most ○○は「最も○○な」
という意味だよ

英語の順番に並べかえよう。

それは	です	最もわくわくする映画	すべての映画の中で

答え

(1) (I) did my homework until ten (o'clock.)
(2) (That) game is very interesting to (me.)
(3) (Ken) has not finished his homework yet (.)
(4) (Takuya's family) have lived in Australia for two years (.)
(5) (Does) your brother like these songs (?)
(6) (It is) the most exciting movie of all (movies.)

（　）の中は解答らんに
ある単語だよ。

③ 読み取り問題

例題　次の英語を日本語にしよう。

He studies English at school every day.

彼は毎日，学校で英語を勉強します。

------ この問題の解き方 --------------------------------

1. 英語をパーツに分けて日本語にしよう。

he	studies	English	at school	every day
彼は	勉強します	英語を	学校で	毎日

2. 日本語として通じるように並べかえよう。
   - ○ 彼は 学校で 英語を 毎日 勉強する。
   - ○ 毎日，彼は 学校で 英語を 勉強する。
   - × 勉強する 彼は 毎日 英語 学校で。　→　動詞の日本語訳が最後に来ないとダメ！！

「が」，「は」，「を」などが はっきりしていれば，大丈夫！

ポイント

★ at ＋場所「(場所)で」や every day「毎日」などを覚えよう。

1　次の英語を日本語にしなさい。

(1) My father made okonomiyaki for lunch.

\
\
\

ヒント

1. 英語と日本語を対応させよう。

my father	made	okonomiyaki	for lunch
私の父は	作りました	お好み焼きを	昼食に

2. 日本語として通じるように並べかえよう。

(2) I must help my mother.

\
\
\

ヒント

1. 英語と日本語を対応させよう。

I	must help	my mother
私は	手伝わなければなりません	私の母を

2. 日本語として通じるように並べかえよう。
   - ・助動詞は動詞と組み合わせて日本語にしよう。・must「〜しなければならない」

ここからヒントが
少なくなるよ

(3) I live in a small town.

［　　　　　　　　　　　　　　　　　　　　　　　　　　　　　　　　　　　　　　　］

ヒント
....
I：私は　　live：住んでいる　　in：〜（の中）に　　a small town：小さな町
....

(4) Kana didn't talk with Takashi yesterday.

［　　　　　　　　　　　　　　　　　　　　　　　　　　　　　　　　　　　　　　　］

ヒント
....
Kana：カナは　　didn't talk：話さなかった
with：〜と（一緒に）　　Takashi：タカシ　　yesterday：昨日
....

(5) His favorite food is not takoyaki.

［　　　　　　　　　　　　　　　　　　　　　　　　　　　　　　　　　　　　　　　］

ヒント
....
his：彼の　　favorite：好きな　　food：食べ物
is not：〜ではない　　takoyaki：たこ焼き
....

(6) I have been to Toyama once.

［　　　　　　　　　　　　　　　　　　　　　　　　　　　　　　　　　　　　　　　］

ヒント
....
I：私は　　have been to：〜へ行ったことがある
Toyama：富山（県）　　once：1度
....

答え
(1) 私の父は昼食にお好み焼きを作りました。
(2) 私は（私の）母を手伝わなければなりません。
(3) 私は小さな町（の中）に住んでいます。
(4) カナは昨日，タカシと（一緒に）話しませんでした。
(5) 彼の好きな食べ物はたこ焼きではありません。
(6) 私は一度富山（県）へ行ったことがあります。

同じ意味であれば多少
表現が違っても正解だよ

練習編② 代名詞が指す内容

例題 下線部の it が指す内容を日本語で答えよう。

He studies English every day. He likes <u>it</u> very much.

> 英語

------- この問題の解き方 -------

代名詞が指す内容は，**その代名詞より前**にある。

it は「もの」を指すことに着目すると，前の文に出てきた English「英語」だとわかるね。

代名詞と代名詞が指す内容の種類を覚えよう。

文の全体や一部
を答えるときは，
最後を「～こと。」
にしよう

代名詞	指す内容の種類	代名詞	指す内容の種類
he/his/him	1人の男性	it/its	1つのもの 数えられないもの
she/her	1人の女性	this/that	1つのもの 文全体や文の一部
they/their/them	2人以上の人 2つ以上のもの	there	場所

2 次の文の下線部の代名詞が指す内容を日本語で答えよう。

(1) Taku must help his mother, because <u>she</u> is busy.
_{彼女は}

ヒント：この she が指すのは **1人の女性**

(2) I live in a small town, and John lives <u>there</u>, too.
_{そこに}

ヒント：この there が指すのは **場所**

(3) I cooked Ken's favorite food. <u>It</u> was takoyaki.
_{それは}

ヒント：この It が指すのは
数えられないもの

(4) I have been to Toyama once. <u>This</u> is my good experience.
_{このことは}

ヒント：この This が指すのは
文全体

(5) I will visit Hawaii next year. <u>That</u> will be very fun.
_{そのことは}

ヒント：この That が指すのは
文全体

> **答え**
>
> (1) タクのお母さん　　(2) 小さな町　　(3) ケンの好きな食べ物
> (4) (私が)一度富山(県)へ行ったこと。　　(5) (私が)来年ハワイを訪れること。

練習編③　理由

例題1　下線部について，タカオはなぜ美しい自然を楽しめるのか，日本語で答えよう。

Takao lives in a small town, so <u>he can enjoy the beautiful nature.</u>

> （タカオは）小さな町に住んでいるから。

例題2　下線部について，ユキはなぜ毎日英語を勉強するのか，日本語で答えよう。

<u>Yuki studies English every day,</u> because she likes it very much.

> （ユキは）英語が大好きだから。

------ この問題の解き方 --

理由は so の前または because の後に書いてあることが多い。
日本語で答えるときは，最後を「〜から。」，「〜ので。」にしよう。

こうしないと減点されるかも！もったいない!!

注意！　答えを書くときは，**代名詞が指す内容**を明らかにしよう。

例　she likes it very much から読み取る　→　×「彼女はそれが大好きだから。」
　　　　　　　　　　　　　　　　　　　　　○「ユキは英語が大好きだから。」

３　次の文の下線部の理由を日本語で答えよう。

(1) <u>Taku must help his mother,</u> because she is busy.
なぜなら〜から

ヒント：タクがお母さんを手伝わなければならない理由を答えよう。

(2) <u>Kana doesn't know that</u> because she didn't talk with Takashi yesterday.
なぜなら〜から

ヒント：カナがそのことを知らない理由を答えよう。

(3) Mayu has been to Toyama once, so <u>she knows about Toyama very well.</u>
だから〜

ヒント：マユが富山(県)のことをよく知っている理由を答えよう。

同じ意味であれば多少表現が違っても正解だよ

答え
(1) タクのお母さんが忙しいから。
(2) （カナは)昨日タカシと話さなかったから。
(3) （マユは)一度富山(県)へ行ったことがあるから。

読み取り問題の復習

(1) 次の英語を日本語にしよう。

① My father made okonomiyaki for lunch.

② His favorite food is not takoyaki.

③ I have been to Toyama once.

(2) 次の下線部の代名詞が指す内容を日本語で答えよう。

① Taku must help his mother, because <u>she</u> is busy.

② I cooked Ken's favorite food. <u>It</u> was takoyaki.

③ I will visit Hawaii next year. <u>That</u> will be very fun.

(3) 次の文の下線部の理由を答えよう。

① <u>Taku must help his mother</u>, because she is busy.

② <u>Kana doesn't know that</u> because she didn't talk with Takashi yesterday.

③ Mayu has been to Toyama once, so <u>she knows about Toyama very well</u>.

(1) 英語をパーツに分けて日本語にする。→　日本語として通じるように並べかえる。

① my：私の　　father：父　　made：作った　　okonomiyaki：お好み焼き

for lunch：昼食に

② his：彼の　　favorite：好きな　　food：食べ物　　is：〜です　　not：〜ない

takoyaki：たこ焼き

③ I：私は　　have been to 〜：〜へ行ったことがある　　Toyama：富山(県)

once：一度

> **(1)の答え**
> ①　私の父は昼食にお好み焼きを作りました。
> ②　彼の好きな食べ物はたこ焼きではありません。
> ③　私は一度富山(県)へ行ったことがあります。

(2) 代名詞より前にある内容を答える。

① タクは彼のお母さんを手伝わなければなりません。なぜなら彼女は忙しいからです。

② 私はケンの好きな食べ物を作りました。それはたこ焼きでした。

③ 私は来年ハワイを訪れます。そのことはとても楽しいでしょう。

読み取り問題は，
同じ意味であれば
多少表現が違っても
正解だよ

> **(2)の答え**
> ①　タクのお母さん
> ②　ケンの好きな食べ物
> ③　(私が)来年ハワイを訪れること。

(3) **so の前**または **because の後**から読み取る。
→ 代名詞が指す内容を明らかにする。→ 答えの最後を 「〜から。」，「〜ので。」にする。

① タクがお母さんを手伝わなければならない理由を答えよう。

② カナがそのことを知らない理由を答えよう。

③ マユが富山(県)のことをよく知っている理由を答えよう。

> **(3)の答え**
> ①　タクのお母さんが忙しいから。
> ②　(カナは)昨日タカシと話さなかったから。
> ③　(マユは)一度富山(県)へ行ったことがあるから。

4 最後に…

本当に，よくがんばったね。
問題集を1冊終わらせるなんてすごい，すごい！
これから，もっともっと英語が得意になるように，
アドバイスをまとめたよ！

① とにかく単語と熟語を覚えるべし！

サッカーに例えるなら，単語はボール。ボールがなくちゃ，試合にならない！
またボールは変化する。変化する形を覚えよう。

 go　　　*going*

じっとしていれば go ですが…　　　進行形にすると…
　　　　　　　　　　　　　　　　　going に変化します。

熟語はボールの使い方。ドリブルやヘディングみたいに，1つ1つ覚えよう。
好きなことと関連づけると覚えやすいよ。

・**be interested in ～**「～に興味がある」
I'm interested in soccer.「ぼくはサッカーに興味がある」
・**be good at ～**「～が得意だ」
He is good at soccer.「彼はサッカーが得意だ」

② わかる文法を増やすべし！

The boy｜**playing** soccer over there is my friend.

下線の部分が The boy〈主語〉を詳しく説明しているんだ。
これは現在分詞の文だよ。

「向こうで　サッカーを　している｜少年｜は，ぼくの　友だち　です」

日本語だと，順番が違うね。

③ 文を読む（＝実際に問題を解く）練習をするべし！

つまりは **練習試合**。練習試合で自分の **弱点** を知り，**強化しよう**。

英語もサッカーも，練習の積み重ねが大事なんだね。
まずは自分の弱点を克服するようにがんばろう！